Marko Melnyk (Hrsg.)

Ukraine. Hoffnung und Freiheit

AF191001

Poesie der Ukraine

Traditionelle Lieder und Gedichte der Ukraine sprechen von Heimweh, Leid, Tod und Trauer, aber auch von Hoffnung und Freiheit: „Haben wie dichte Nebel die Ukraine überzogen ...“; „Wird dein Bruder heimwärts ziehen ...“; „Komm meine Liebe, mein Glück ...“; „O, nicht weint mehr, schwarze Augen ...“; „Gott weiß, wann ich heimwärts zieh' ...“; „Schau jetzt auf dein Land, die Ukraine hin ...“.

Die Anthologie versammelt ältere und alte Volkslieder, balladenhafte Dumen (Gedanken), Gedichte von Taras Schewtschenko sowie Lessja Ukrajinkas „Wider die Hoffnung hoffe ich“.

Entdecken Sie in klassischer Poesie Verweise auf die Gegenwart.

Der Herausgeber

Marko Melnyk ist Literatur- und Sprachwissenschaftler. Er untersucht die Poesie der Vergangenheit für ein besseres Verständnis der Gegenwart, da Menschen ihrer Geschichte – ihren Gefühlen, ihren Hoffnungen, ihrem Streben – in Liedern und Gedichten oftmals unverstellt Ausdruck verleihen.

Marko Melnyk (Hrsg.)

Ukraine. Hoffnung und Freiheit

Traditionelle ukrainische Lieder und Gedichte

Lyrik-Anthologie

Bibliografische Information der Deutschen Nationalbibliothek: Die
Deutsche Nationalbibliothek verzeichnet diese Publikation in der
Deutschen Nationalbibliografie; detaillierte bibliografische Daten
sind im Internet über dnb.dnb.de abrufbar.

Herstellung und Verlag: BoD – Books on Demand, Norderstedt
ISBN: 978-3-7583-0303-6

Meine Heimat Ukraine, so weit und schön,
Wo stolze Berge zum Himmel ragen,
Wo goldene Felder im Sonnenlicht glüh'n,
In deinen Weiten spüre ich den Segen.

Marko Melnyk

Vorbemerkungen

Die Ukraine ist ein Land voller Schönheit und Vielfalt. Von den majestätischen Karpaten im Westen bis zur endlosen Weite der ukrainischen Steppen im Osten bietet die Ukraine Landschaften und Sehenswürdigkeiten, die ebenso beeindrucken wie die reiche Kultur und die gastfreundlichen Menschen.

Ein Mosaik von traditionellen Liedern und Gedichten soll die historischen Wurzeln einer Nation vermitteln, die in ihrer Poesie das Leid durch Fremdherrschaft sowie die Sehnsucht nach Freiheit und Selbstbestimmung ausdrückt.

Neben historischen Volksliedern steht die Dichtung des berühmten Dichters Taras Schewtschenko im Mittelpunkt. Den Abschluss bildet das ergreifende Gedicht Lessja Ukrajinkas „Wider die Hoffnung hoffe ich".

Kurzer geschichtlicher Überblick

Die Geschichte der Ukraine ist reich und komplex, da sie über Jahrhunderte hinweg von verschiedenen Kulturen, Völkern und Imperien geprägt wurde.

Frühe Geschichte: Die Ukraine hat eine lange Geschichte, die bis in die Antike zurückreicht. Die Region war ein wichtiger Teil des antiken Griechenlands und des Skythischen Königreichs. Im 9. Jahrhundert wurde die Region nach und nach von den ostslawischen Stämmen besiedelt, die sich allmählich in Kiew niederließen und schließlich das Kiewer Reich gründeten.

Kiewer Rus (9. bis 13. Jahrhundert): Die Kiewer Rus war ein slawisches Reich, das im 9. Jahrhundert gegründet wurde und zu seiner Blütezeit ein bedeutendes politisches und kulturelles Zentrum war. Es war ein Vasallenstaat des Byzantinischen Reiches und wurde vom Christentum beeinflusst, nachdem der Großfürst Wladimir I. im Jahr 988 das Christentum angenommen hatte. Die Kiewer Rus zerfiel jedoch im 13. Jahrhundert aufgrund von Konflikten, Mongoleninvasionen und inneren Spaltungen.

Mongolenherrschaft (13. bis 15. Jahrhundert): Die Mongolen eroberten die Kiewer Rus im 13. Jahrhundert und beherrschten die Region für etwa 200 Jahre. Während dieser Zeit erlebte die Region einen Niedergang, da sie von den Mongolen geplündert und ausgebeutet wurde.

Polnisch-Litauische Herrschaft (14. bis 18. Jahrhundert): Nach der Mongolenherrschaft wurde die Ukraine zwischen dem Königreich Polen und dem Großherzogtum Litauen aufgeteilt. Dies führte zu einer langen Periode der Polonisierung und Katholisierung in der Westukraine und der Orthodoxie im Osten. Die Kämpfe um die Unabhängigkeit und die Autonomie dauerten an.

Kosaken und Zaporozhian Sich (17. Jahrhundert): Die ukrainischen Kosaken, insbesondere die Zaporozhian Kosaken, spielten eine wichtige Rolle in der Geschichte der Ukraine. Sie führten Rebellionen gegen die polnische Herrschaft an und kämpften auch gegen das Osmanische Reich sowie

Russland. Die Saporoger Kosaken schufen eine autonome Region in der Nähe des Dnipro-Flusses.

Russische Herrschaft (18. bis 19. Jahrhundert): Im späten 18. Jahrhundert wurde die Ukraine durch das Russische Kaiserreich annektiert, nachdem es Gebiete von Polen-Litauen erobert hatte. Unter russischer Herrschaft wurden zunächst die ukrainische Kultur und die orthodoxe Kirche gefördert, aber es gab bald Bemühungen zur Russifizierung.

Unabhängigkeit und sowjetische Periode (20. Jahrhundert): Die Ukraine erlangte 1917 kurzzeitig die Unabhängigkeit während der Wirren des Ersten Weltkriegs und der Russischen Revolution. Diese Unabhängigkeit war jedoch von kurzer Dauer, da die Rote Armee unter der Führung Lenins die Region eroberte und die Ukrainische Sozialistische Sowjetrepublik proklamierte. In den folgenden Jahren wurde die Ukraine in die Sowjetunion eingegliedert und erlebte unter der Herrschaft von Joseph Stalin eine Periode des Terrors und der Hungersnot. Die als Holodomor bezeichnete große Hungerkatastrophe in den Jahren 1932 und 1933 zählt zu den großen Verbrechen des 20. Jahrhunderts. Innerhalb von zwei Jahren wurden Millionen Menschen wissentlich und vorsätzlich dem Hungertod preisgegeben.

Zweiter Weltkrieg und Unabhängigkeit (20. Jahrhundert): Während des Zweiten Weltkriegs wurde die Ukraine von deutschen Truppen besetzt, aber die Rote Armee konnte die Kontrolle über die Region zurückgewinnen. Nach dem Zerfall der Sowjetunion im Jahr 1991 erklärte die Ukraine ihre Unabhängigkeit und wurde eine souveräne Nation.

Unabhängige Ukraine (1991 bis 2022): Die Ukraine hat seit ihrer Unabhängigkeit eine wechselvolle Geschichte erlebt, einschließlich politischer Konflikte, wirtschaftlicher Herausforderungen und territorialer Spannungen. Besonders bemerkenswert ist der Konflikt in der Ostukraine, der 2014 begann, als Russland die Krim annektierte und bewaffnete Konflikte in den Regionen Donezk und Luhansk auslöste. Russlands Invasion in die Ukraine (2022): Am 24. Februar 2022 begann die Invasion russischer Truppen in die Ukraine. Seitdem dauert der Angriffskrieg Russlands an.

Lieder und Gedichte

Die Anthologie beginnt mit älteren und alten Volksliedern, führt danach eher balladenhafte Dumen (Gedanken) auf, um schließlich dem Nationaldichter Taras Schewtschenko (1814-1861) Raum zu geben, der die Zeit der russischen Okkupation im 19. Jahrhundert erlebte und poetisch verarbeitete. Die Verse handeln oft von Trauer, Heimweh, Tod und Leid, aber auch von Hoffnung und Freiheit.

In der Ukraine, wo endlich
Freiheit hoch erblühte,
Schallt heute Klang von Kampf.
Die Seelen leiden, weinen, bluten.

Marko Melnyk

Volkslieder

Steht am Wasser die Platane,
Tief hiernieder hängend;
Sorgen quälen den Kosaken,
Ihm das Herz bedrängend.

Senk' dich, Bäumchen, nicht herunter,
Bist noch grün und blühend!
Gräm' dich nicht, Kosak, sei munter,
Bist noch jung und glühend!

Wollt' sich gern der Baum nicht senken –
Doch die Flut zernagt ihn;
Wollt' sich der Kosak nicht kränken –
Doch tief Wehe plagt ihn! –

Ritt mit Lanze und Geschosse,
Und im Kriegsgewande,
Ritt auf schwarz gemähntem Rosse
Fern zum Russenlande.

Ist im Russenland geblieben
Dort auch zu vergehen –
Die Ukraine, seine Lieben
Sollt er nie mehr sehen.

Sterbend sprach er: Mir ein großes
Grab wird man errichten –
Sträuchlein trägt auf seinem Schoß es,
Voll von süßen Früchten.

Werden Vöglein Beeren pickend
Her zum Grab sich schwingen,
Aus der Heimat mich beglückend
Frohe Kunde bringen.

* * * * *

Rauscht es, rauscht's im Eichenwalde,
Nebel deckt die grüne Halde,
Mütterchen, den Sohn fortjagend,
Spricht: Geh', sollst mich nicht mehr grämen –
Mögen dich die Türken nehmen!
Mutter, nein! doch selber Pferde
Ich den Türken rauben werde!

Rauscht es, rauscht's im Eichenwalde,
Nebel deckt die grüne Halde,
Mütterchen, den Sohn fortjagend,
Spricht: Geh', sollst mich nicht mehr grämen –
Mögen dich die Horden nehmen!
Mutter, nein! mir Schätze schenken
Werden sie und mein gedenken.

Ält'ste Schwester führt das Pferd ihm,
Trägt die zweite Lanz' und Schwert ihm;

Doch die jüngste fragt den Bruder:
Bruder, wann wirst von den Heeren
Du zur Heimat wiederkehren?

Eine Handvoll Erde säe
Schwesterchen, auf einen Stein hin,
Und mit Tagesanbruch gehe
Bei der Morgenröte Schein hin,
Feucht' es an mit deinen Tränen –
Fängt die Erde an zu blühen,
Wird dein Bruder heimwärts ziehen!

Rauscht es, rauscht's im Eichenwalde,
Nebel deckt die grüne Halde,
Mütterchen, den Sohn rückrufend,
Spricht: Kehr' Sohn, dort droht Gefahr dir,
Komm' ich kämm' dein langes Haar dir!
Mutter, dichte Dornenbüsche
Kämmen's bald und Sturmgezische;
Feuchten wird's des Regens Frische! ...
* * * * *
Die Winde heulen, es wogt das Gras,
Der arme Kosak liegt tot und blass;
Auf schwankendem Sträuchlein ruht sein Haupt,
Die Augen von grünen Blättern umlaubt.
Ist zur Erde gefallen sein blank Geschoss,
Steht ihm zu Füßen sein schwarzes Ross;

Doch ihm zu Haupte, im hohen Gras,
Ein taubenfarbiger Adler saß.
Und er pflegt den Kosaken, bringt Trost ihm dar,
Hüpft um sein Haupt mit dem Lockenhaar ...
Und der Kosak spricht dem Adler zu:
Sei, grauer Adler, mein Bruder du!
Und wenn du anfängst, o Bruder Aar,
Mir auszuhacken mein Augenpaar:
Fliege, fliege zu meiner Mutter hin.
Bring' der Mutter, der vor Gram sich verzehrenden,
Kunde vom Sohne, dem nimmer kehrenden;
Aber wisse, Bruder Aar, eh' du zu ihr fliegst,
Was du, wenn sie dich fragt, ihr zur Antwort sprichst:
Sag' der Mutter: Dein Sohn im Dienste stand
Bei dem Chane der Krim, dem Tartarenland,
Hat durch den Dienst gewonnen eine Königsmaid,
Eine Totengrube auf kahler Haid'!
* * * * *

Zum Marsch, zum Abmarsch pfeifen die
Kosaken um Mitternacht;
Aus hellem Auge weint Marie,
Sie weint und klagt. –

Nicht weine Marie, nicht klage, mein Kind!
Sei nicht so trüb':
Zu Gott im Himmel bete, mein Kind,
Bet' für dein Lieb!

War die Sonne verschwunden, am Himmel schon
Scheint hell das Mondenlicht;
Gibt die Mutter Geleit dem scheidenden Sohn
Und weint und spricht:

Leb' wohl, mein Herzchen, leb' wohl, mein Kind!
Weil' nicht zu lange beim Heer –
Und wenn vier Wochen verflossen sind,
Zur Heimat kehr'!

O Mutter, gern riss ich mich bald wieder los,
Und käme zurück zu dir;
Doch sieh'! es strauchelt mein schwarzes Ross
Im Torweg' hier.

O, Gott weiß, wann ich heimwärts zieh'
Und euch hier wiederfind';
Doch Mutter, nimm meine Marie auf wie
Dein eigen Kind!

Nimm zu dir mein Mädchen, so tröst' ich mich,
Wir stehen in Gottes Hand –
Wer weiß, ob ich kehr' – vielleicht sterbe ich
Im fremden Land! –

O gern zur Tochter nehm' ich Marie,
Dass du dich nicht betrübst;

Doch wird sie mich auch lieben, sie,
Wie du mich liebst? –

O weine nicht, Mutter, o klage nicht mehr!
Hell' auf den trüben Blick.
Sieh'! es bäumt sich mein Ross, es springt daher,
Ich kehre zurück!
* * * * *
Braus't es, weht es, und der Bäume
Gipfel tief sich neigen –
Tut mir's Herz weh und ins Auge
Bitt're Tränen steigen.

Trüb' in endlos bitt'rem Kummer
Meine Tage schwinden –
Nur in heißen Tränen kann ich
Noch Erleicht'rung finden.

Tränen trösten, doch sie bringen
Glück nicht, das verschwunden –
Nie vergisst wer Glück genossen,
Währt's auch nur Sekunden!

Und doch Menschen gibt es, die mein
Schicksal mir beneiden;
Ist der Halm auch glücklich, dorrend
Einsam auf der Haiden?

Ohne Tau und ohne Sonne
Auf der Haid' im Sande ...
Traurig ohne den Geliebten
Ist's im fremden Lande! –

Ohne ihn hab' ich kein Schicksal,
Scheint die Welt Gefängnis –
Ohne ihn nicht Glück noch Ruhe:
Not nur und Bedrängnis.

Sprich, wo bist mein Lieber mit den
Schwarzen Augenbrauen? ...
Komm', den Kummer, den du selber
Mir gemacht zu schauen! ...

O, zu wem soll ich mich wenden?
Wer, der mit mir gern ist?
Der mich liebt und den ich liebe –
Wenn der Eine fern ist?

Hätt' ich Flügel, zum Geliebten
Schnell geflogen käm' ich;
Aber hier mein junges Leben
Welk' ich und vergräm' ich.
* * * * *

Eine Hopfenranke im Garten allein
Schlängelt zur Erde sich;

Unter den Menschen ein Mägdelein
Weinete bitterlich.

O grüner, blühender Hopfen, warum
Rankst nicht nach oben zu?
O liebes, junges Mädchen, warum
Fluchst deinem Schicksal du?

Kann die Hopfenranke nach oben zieh'n,
Wenn keine Stütze sie hält?
Kann des Mädchens Auge vor Freude glüh'n,
Wenn ihr Kosak ihr fehlt?
* * * * *

Kam aus der Ferne ein Kuckuck geflogen,
Flog durch Feld und Hain;
War aus seinem Fittig eine Feder gefallen
In die Donau hinein.

O gleich der bunten verlorenen Feder,
Die der Strom fortreißt –
Schwindet mein Leben im fremden Lande
Einsam, verwaist!

Floss mein Leben hin wie auf der Welle
Ein einsam Blatt ...
Fort! was wahr' ich den Goldring, den Er mir
Gegeben hat! –
* * * * *

Wo, wo, meine Liebe, jetzt weilest du?
Tönt dir mein Flehen, mein Rufen nicht zu?
Es könnte die starren Gefilde selbst rühren;
Wie mein Aug' und mein Herz nach dir suchen und spüren!
Doch ich suche vergebens schon lange Zeit,
Und ich finde dich nicht, du bist weit, bist weit!
Und ich welk' und vergehe vor Herzeleid!
Bist unter Kaufleuten auf blauem Meer,
Und fährst und spähest nach Schätzen umher?
Oder bist du bei schmucken Damen zu Gast,
Und durchjubelst die Nächte im Prachtpalast?
Oder entscheidest in lichten Himmelshöh'n
Das Schicksal der armen Sterblichen?
Oder spielst bei lauschendem Mondenschein
Mit den Locken blühender Mägdelein?
Oder blühest du nicht als Mohnblume wild
Am Meeresufer im Talgefild?
Oder singst des Kuckucks Prophetenlied?
Unter maienfrischer Hollunderblüt?

O höre mich! komm meine Liebe, mein Glück,
Setz dich zu mir her!
Nur einen einz'gen Augenblick,
Und ich klage nicht mehr! ...
* * * * *

Im grünen Wiesental silberhell
Aufsprudelt der kalte Wasserquell –

Treibt der Tschumack dort hin seine Ochsen zu tränken:
Aber sie brüllen,
Ihren Durst nicht stillen,
Und Unglück ahnend die Köpfe senken.
Spricht er: O meine grauen Stiere,
Dass ich euch nimmer zur Krim hinführe!
Habt mich so trübe gemacht,
Mich, der so jung noch, ins Unglück gebracht ...
Am nächsten Sonntag, am frühen Tag,
Todt, tot der junge Tschumack lag;
Und man grub ihm mit eisernem Grabesscheit
Eine Totengrube tief und weit,
Und pflanzt auf den hohen Grabesraum
Einen blühenden jungen Hollunderbaum.
Flog ein Kuckucksweibchen herzu,
Hub an zu rufen: Kucku, Kucku!
Reich mir, mein Sohn, mein junger Aar,
Reich deine rechte Hand mir dar!
O gerne, meine Mutter, mein Leben,
Wollt' ich dir beide Hände geben!
Doch auf mir feuchte Erde liegt,
Und die feuchte Erde lässt mich nicht!

* * * * *

Vor Weh' mir Herz und Kopf vergeh'n,
Die Trän' ins Auge bricht;
Hab meinen Liebsten nicht geseh'n,
Nicht gestern, heute nicht!

Scheint mir, dass ich nicht traurig bin,
Mein Herz nicht kummerschwer;
Doch geh' ich aus dem Hause hin,
So schwank' ich hin und her. –

Scheint mir, dass keine Träne fließt,
Und weine doch so sehr!
Viel fremder Leute Schwarm mich grüßt:
Von Ihm kommt Niemand her!

Mein Liebster, mein Herzlieb verblich,
Schwand meine Sonne hin –
Und Nichts kann mich jetzt freu'n, wenn ich
Allein am Fenster bin!

Mein Liebster, meine Sonne blich,
Des schwarzen Auges Pracht –
Mit wem jetzt plaudre, kose ich
In stiller, dunkler Nacht?

O immergrüner, schlanker Strauch,
Senk' dich herab zu mir!
Herzliebster mit dem schwarzen Aug',
Komm', setz' dich her zu mir!

O immergrüner, schlanker Strauch,
Senk' tiefer dich zu mir!

Herzliebster mit dem schwarzen Aug',
Komm', setz' dich näher mir!

Er hört nicht meiner Stimme Ton,
Mein Lieb ist nicht mehr hier!
Verhüllt jetzt Gras und Raute schon
Die Spur des Fußes mir.

Das Gras, das hohe, werf' ich fort,
Die Rauten reiß' ich aus:
Vielleicht dass dann mein Liebster dort
Zurücke kehrt nach Haus.

Nein, nicht zu suchen geh' ich mehr
Den der mich so betrübt!
Nein, nicht den Einen lieb' ich mehr,
Den ich so sehr geliebt!

Ich streife nicht im Morgenlicht
Beim Schlosse mehr umher;
Ich treffe meinen Liebsten nicht,
Mein Liebster ist nicht mehr!

Ich wandle nicht mehr waldeswärts
Zum Nüssesuchen d'rin –
Der Jugend heit'rer Tand und Scherz
Sind längst für mich dahin!

Es ist traurig mich so jung zu seh'n
Wie Reiz und Herz verdorrt ...
Nichts bleibt mir als zum Strom zu geh'n
Hinabzuspringen dort! –
* * * * *

Zum Niemen zieh' ich;
Heida! mein gutes Tier
Spring', bäum' dich unter mir!
Liebchen, leb' wohl!

Ziehst du zum Niemen fort, lässt du mich hier allein.
Was aber suchst du dort, sag mir Herzliebster mein?
Scheint es dir fern von mir, weit an des Niemens Strand,
Schöner als bei uns hier, bei uns im Vaterland?

Ich ziehe hin, wo
Wild es von Rossen stampft –
Heiß aus der Erde dampft
Feindesblut rot!

Willst dich berauschen im Blute, dem heißen?
Willst dich dem Arm' treuer Liebe entreißen?
Hier hast meine Tränen, hier hast du mein Blut!
Nur zieh' nicht von hinnen und bleibe mir gut!

Nicht weine, mein Lieb'!
Ist unser Fest vollbracht,

Kehr' aus der heißen Schlacht
Kehr' ich zu dir!

Nein, nein, mein Geliebter! kehrst nimmer nach Hause!
Es wird dich verschlingen das Schlachtfeld, das grause;
Sieh' es hält den Kopf trauernd zur Erde dein Rapp:
Auf dem blutroten Schlachtfelde find'st du dein Grab!

Wenn der Rabe dir zu
Hoch über'm Fenster schreit,
Zu dir vom Meere weit
Eilt dein Kosak!

Senkt der Gipfel der grünen Platanen sich nieder,
Wenn der Eichwald stöhnt, und der Kuckuck ruft wieder;
Wenn unter dir wiehernd hoch bäumt sich der Rapp,
Dann ruh' ich schon lange im kühlen Grab'!
* * * * *

Fliegt ein Adler über's Meer hin,
Himmelauf zu fliegen scheint er;
Grämt sich der Kosak, der alte,
Seine Jugendzeit beweint er.

Spricht: O meine jungen Jahre!
Sagt, wo seid ihr hingezogen?
Seid in Wiesen, seid im Felde,
Seid im grünen Wald verflogen?

Ohne Nutzen, ohne Segen,
Schwindet des Kosaken Beute:
Was er gestern schwer errungen,
Leichten Sinn's vertrinkt er's heute.

* * * * *

Schwamm auf dem Meere, auf blauem Meer,
Langsam ein weißer Schwan einher;
Schwamm mit seiner Schwänlein weißer Schar –
Sieh', da stößt auf ihn nieder ein grauer Aar,
Hub den Schwan zu beißen, zu schlagen an,
Hub der Schwan ihm dies Wort zu sagen an:
O, nicht schlage, nicht beiße mich, grauer Aar,
Und ich erzähle dir Alles treu und wahr:
In der Stadt, die Kistrin den Namen trägt,
Sich die Horde schon drei Tag' und Nächte schlägt,
Schon drei Tage, drei Nächte im Kampfe weilt,
Und hat sich zuletzt in drei Teile geteilt.
Fließt all blutrot der Strom, plätschert klagend laut,
Hat man über den Strom große Brücken gebaut;
Hat man Brücken gebaut, die nur aus Köpfen besteh'n,
Aus Menschenköpfen, moskowitischen.

* * * * *

Schickt die Mutter ihren Sohn, einen Falken kühn,
Als er erwachsen, zum Heere hin.
Die ält'ste Schwester sattelt das Pferd für ihn,
Mit dem Tuche winkt hoch die zweite,
Die jüngste gibt ihm das Geleite.

Doch die Mutter fragt ihn mit trübem Blick:
Wann, mein Sohn, kehrest nach Hause zurück?
– Wenn die Federn des Pfau unter's Wasser sinken,
Wenn die Mühlsteine über die Flut herblinken,
Dann, meine Mutter, kehr' ich zurück! –
Schon zu Grunde sanken die Federn des Pfauen,
Schon über der Flut war der Mühlstein zu schauen;
Sucht die Mutter den Sohn mit forschendem Blick,
Doch er kehrte noch nicht von Gostina zurück!
Geht sie trostlos aufs Gebirge hin,
Sieht heimwärts alle Regimenter zieh'n:
Das ist meines Sohnes Ross, das ich dort seh'!
Und sie fragt die Führer der Armee:
Habt meinen Sohn nicht geseh'n, den dies Rösslein trug?
– War das dein Sohn der sieben Regimenter schlug,
Und von dem achten getötet ward? –
Als man ihn gelegt in sein feuchtes Grab,
Flog zu ihm schreiend ein Kuckuck herab,
Huben die Rosse zu wiehern, die Erde zu scharren an,
Huben die Räder der Wagen zu dröhnen, zu knarren an,
Schweigend folgten die Führer, sahen weinend hinab
Auf sein kühles Grab!
* * * * *

Beugen sich die dichten Zweige
Vor dem Hauch des Windes –
Feld entlang die schwarzen Augen
Späh'n des lieben Kindes.

Beugten sich die dichten Zweige,
Doch nach oben kehren –
Späh'ten lang die schwarzen Augen,
Füllten sich mit Zähren.

Weiden, die ich selbst gepflanzet,
Steh'n am Bach und rauschen –
Des Kosak, des Liebsten Stimme
Wirst du nimmer lauschen!

Der Kosak ist fortgeritten
Nach der Desna Borden,
Wachs' noch junges Mädchen, bis es
Wieder Frühling worden!

Wuchs wohl, wuchs das junge Mädchen;
Wieder Frühling ward es –
Weinte, weinte heiße Tränen:
Des Kosaken harrt es.

O, nicht weint mehr, schwarze Augen:
Er wird nie der Meine!
Denn wir schwuren Liebe bei des
Mondes falschem Scheine.

Schmerzen, schmerzen meine Augen,
Ist mein Herz voll Wehe!

Scheint mir wüst die Erde – nimmer
Ich den Liebsten sehe!
* * * * *

Mein Mädchen, viel schöne, viel stolze Maid!
Warum kamst du nicht gestern zur Abendzeit?
O, wie kann ich, mein Lieber, zu dir gehen,
Wenn mich rings die bösen Menschen umspähen?
Lass sie schwatzen mein Kind, sich tadelnd gebärden;
Es wird kommen die Zeit wo sie ruhig werden.
Doch bis die Zeit kommt, meine Ehre sie nehmen,
Und muss ich dann lebelang weinen, mich grämen!
O mein Mädchen, was schaust du so traurig d'rein,
Wie der dunkle Hollunder am Ufer allein!
Solltest fröhlich sein, solltest lächeln und kosen,
Wie zur Zeit der Blumen die duftenden Rosen!
O lieb' Mädchen, werf' ich mein Aug' auf dich hin,
Wie schön du mir scheinst, wie ich stolz auf dich bin!
Dem Fischlein, das ohne Wasser darbt, gleich,
Bin ich ohne dich schmachtend und kummerbleich!
Und auch ich liebe dich, mein Kosak, meine Freude!
Strafe Gott die bösen Menschen, die uns trennen, uns beide!
* * * * *

Dunkel ist die Nacht, ich fliege
Durch die Nebel, die rings zieh'n –
O mein armer Kopf, wo leg' ich
Dich heut Nacht zur Ruhe hin?
Ist's im Feld, auf nackter Steppe –
Ist's im grünen Wiesenrain? –

Oder wird's am weichen Busen
Meines jungen Mädchens sein?
Das mich toll gemacht, bezaubert
Durch die schwarzen Äugelein! –
* * * * *

O, ihr Augen, schwarze Augen,
Weh' mir, dass ich euch gesehen!
Die Nachbarn wie wilde Feinde
Uns umringen, uns umspähen –

Machen durch ihr bös Gerede
Mich erzürnen, dich erröten –
Doch nicht lange werd' ich's tragen,
Und der Kummer wird mich töten.

Aber du, o junge Freundin,
Sollst noch leben, Freude haben –
Doch vergiss mein einsam Grab nicht,
An der Donau Bord gegraben!

Wirst zu meinem Grabe kommen,
Du mein Mädchen, meine Liebe!
Wirst zu meinem Grabe kommen,
O, wie ist mein Herz so trübe!

Aber dass mein Grab von deiner
Hand nicht mit beworfen werde;

Weißt ja selber, wie es graus ist
Schlafen in der kalten Erde.

Darfst auch nicht nach meinem Tode
Zu viel weinen, zu viel klagen;
Denn sonst werden unsre Feinde
Nachher spottend von uns sagen:

Liebten sich mit treuer Liebe,
Doch kein Ehebund sie einte –
Und es wurde ihre Liebe
Zum Gespötte ihrer Feinde.

Lieder bzw. Dumen

Die Flucht der drei Brüder aus Asow

Das sind keine Nebel, die dort von Asow der Stadt
herziehen,
Es sind drei Brüder, die fort aus schwerer Gefangenschaft
fliehen,
Zwei reiten auf schnellen Gäulen,
Muss der dritte zu Fuß nacheilen;
Doch die Steine die spitzen
Und die Wurzeln ritzen,
Schmerzt der Fuß ihm von Wunden und schlimmen
Beulen;
Troff das Blut ihm nieder von den Füßen zur Erde.
Er ereilt seine Brüder, fleht mit Wort und Gebärde:
Wartet mich Brüder, haltet an eure Pferde!
Lasst mich mit euch reiten,
Euch zu den Städten der Christen begleiten.

Hört der Zweite die Klagen,
Tät den Ält'sten befragen;
Hub der Ält'ste an dies ihm zur Antwort zu sagen:

– Hast du vergessen schon was wir gelitten? ...
Lassen wir uns durch den Bruder erbitten,

Werden die Feinde uns erreichen, erschießen,
Oder auf's Neue in Fesseln schließen! –

Bat der Jüngste auf's Neue
Also die Zweie:
Wollt ihr nicht, dass ich mit euch reite,
Wendet Brüder eure Pferde zur Seite;
Steigt ab beide,
Grabt mir ein Grab auf der Heide,
Und legt mich in die tiefe Erde,
Dass ich nicht den Vögeln zum Fraße werde!

Hub der Zweite ihn zu unterbrechen an
Und dies Wort zu sprechen an:
– Das wäre nach unerhörtem Brauche,
Dass ich mein Schwert in Bruderblut tauche,
Und mit dem spitzen Speer, den ich trage
Dir Abschied sage. –

Wollt ihr so nicht von mir scheiden,
Dann bitt' ich euch beiden
Dornenbüsche vom Feld zu schneiden
Und von Zeit zu Zeit auf den Weg zu streuen,
Dass mir eure Spuren erkenntlich seien?

Und durch die wüste Heide
Jagen weiter beide –

Fühlt Mitleid der Zweite der Brüder,
Und hin und wieder
Vom Pferd steigt er nieder,
Reißt von den Dornenbüschen die Zweige,
Dass er dem Jüngsten die Pfade zeige,
Doch wie sie die Straße von Murawsk hinfliehen
Keine Dornenbüsche im Feld mehr blühen.
Lässt sich der Zweite erweichen, reißt das Futter von den Kleidern,
Es dem Bruder zum Zeichen auf den Weg hinzuschleudern.

Und dem Jüngsten die Spur verschwindet,
Er keine Zweige mehr findet,
Sieht nur die roten Taffetfetzen,
Rafft sie auf, tät sie mit Tränen netzen.

Was deuten die Fetzen, was hat sich begeben?
Sind meine Brüder wohl nicht mehr am Leben?
Während ich im Gebüsche der Ruhe pflegte
Man sie von Asow verfolgte, erreichte, erlegte! –
Und sind sie tot,
O, so helfe mir Gott

Zu erreichen
Die Leichen
Der Brüder beide
Sie zu begraben auf kahler Heide!

Doch sieh', ihm auf den Fersen drei Feinde sind:
Der Hunger, der Durst und der kalte Wind,
Der von der Heide weht so grausig und kalt –
Und der arme Kosak unterliegt der Gewalt.
Genug hab' ich gesucht meine reitenden Brüder,
Nach Ruhe verlangen die müden Glieder.

Zu einem Savor-Grabe kommt er jetzt
Und hat sich darauf niedergesetzt.
Zu derselbigen Stunde fliegen Adler heran,
Seh'n den Kosaken mit scharfen Augen an.
Der Kosak den Blick erwiderte,
Spricht: Adler graugefiederte!
Traute Gäste seid willkommen
Dass ihr bei mir Platz genommen!
Noch einmal werf ich den scheidenden Blick
Auf Gottes schöne Welt zurück,
Dann fliegt herzu mich zu zerreißen,
Mir aus der Stirn die Augen zu beißen!

So sprach er, und gab eine Stunde darauf
Seine Seele zu Gott dem Barmherzigen auf. –
Flogen die Adler herbei, hackten die Augen aus der Stirn,
Kamen Raben geflogen, pickten aus sein Gehirn,
Flogen Raubvögel aller Arten heran,
Fingen seine gelben Knochen zu nagen an;
Kamen in wilden Haufen
Die grauen Wölfe gelaufen,

Haben den Leichnam zerbrochen,
Schleppten hinweg die Knochen,
Und verbargen sie zwischen
Den Dornengebüschen.
Und es erscholl all die Weile
Ein grausig Geheule:
Das sind die Träger, die ihn zu Grabe bringen,
Das sind die Sänger, die ihm sein Grablied singen! ...
Doch woher hebt der Kuckuck sein bläulich Gefieder?
Er setzt sich beim Haupt des Kosaken nieder,
Und er klagt und beweint ihn in jammerndem Ton,
Wie eine Schwester den Bruder, eine Mutter den Sohn.

Schon die Reiter den Städten der Christen zulenkten;
Plötzlich seltsame Qualen ihr Herz bedrängten.
Hub der zweite Bruder an so zum ält'sten zu sagen:

Woher kommen die Sorgen, die uns drücken und plagen?
Ist vielleicht unser jüngster Bruder erschlagen?
Was werden wir Vater und Mutter sagen,
Wenn sie nach unserm Bruder fragen?

Hat der Aelt'ste das Wort gehört
Und sich also zum Zweiten kehrt:
Wir sagen bei zwei Herren waren wir Sklaven,
Und als wir nachts auf der Flucht uns trafen,
Konnten wir ihn nicht aus dem Schlafe treiben,
Ließen ihn so in Gefangenschaft bleiben!

Und wie der Ält'ste der Brüder das Wort geendet,
Sich der Zweite wieder zum Ältesten wendet:
Wenn wir Vater und Mutter nicht Wahrheit sagen,
Wird ihr Gebet uns Unglück tragen!

Und die Brüder dem samar'schen Lande zulenken,
Und halten beim Strome, die Pferde zu tränken.
Kaum vom Pferde gestiegen waren sie,
Da umringt eine Horde Tartaren sie;
Fallen die Ungläubigen her über die Brüder
Hau'n die Kosaken in Stücken nieder,
Streu'n auf dem Felde umher ihre Glieder,

Pflanzen die Häupter den Spitzen der Schwerter auf,
Und verspotten sie und hohnlachen darauf.
* * * * *

Der Tod Fedor Besrodnys

Bei der Mündung des Dnieprs am grünen Bord
Hält ein junger Kosak seine Mahlzeit dort;
Und er speiste fröhlich, nicht dachte, nicht sah
Dass ihm und seinem jungen Knapp Unglück nah'.
Das sind nicht die Weiden, die da rauschen im Tale,
Das ist die gottlose Horde der Uschkale;
Sie stürzen mit wildem Geschrei heran
Auf Fedor Besrodny, des Kurenj Attaman;
Sie verwunden ihn, zerfleischen sein Angesicht,
Doch seinen jungen flinken Knappen erhaschen sie nicht.

Und wie die Horde der Uschkale verschwunden dem Blick,
Kehrt der Knapp zum Kosak, seinem Herrn zurück,
Und er wäscht ihm seine tiefen Wunden ab.
Der Kosak nimmt das Wort und spricht zum Knapp:
Du mein treuer Gefährte, mein Tröster im Leide!
Geh den Fluss entlang, horch dem Geschrei auf der Heide;

Ist das Gänsegeschnatter, das mein Ohr durchdringt?
Ist's Gesang eines Schwans, der sein Todeslied singt?
Sind's der Uschkale Horden?
Oder sind's die Kosaken von des Dniaprs Borden?
Wenn es Gänse oder Schwäne sind, verscheuch' sie gleich,
Sind's die Uschkale, verbirg mich im dichten Gesträuch,
Aber sind es Kosaken, die vom Dniapr nah'n:
Ruf sie zu Fedor Besrodny ihren Attaman!

Schnell läuft der kleine Knapp
Das Ufer hinab
Und von ferne Kosaken erspähn sein Gesicht,
Und er winkt mit der Mütze und ruft und spricht:
Kosaken, legt schnell eure Kähne an,
Kommt an's Ufer heran,
Zu Besrodny eurem sterbenden Attaman!

Wie die Kosaken das hören
Sie schnell dem Ufer zukehren,
Binden die Kähne an
Und eilen zum Attaman.

Der ruft seinen Knappen sofort
Und sagt ihm dies Abschiedswort:
Du junges, treues Blut!
Diene auch ferner gut,

Halt immerdar deine Seele von Sünden rein,
Und du wirst geliebt von allen Kosaken sein!
Und zu Allen, die ihn umgaben dort,
Sprach er ein freundliches Abschiedswort
Und gab bald darauf
Seine Seele zu Gott dem Barmherzigen auf.

Da gruben die Kosaken mit den Säbeln ein Grab,
Mit ihren Mützen trugen sie die Erde ab,
Und senkten die Leiche Besrodnys hinab.
So unter Pfeifen- und Hörnerklang haben
Die Kosaken ihren tapfern Führer begraben!

O, wohl wusste der Kosak, er würde doppelt leiden,
Ohne seine treuen Gefährten vom Leben zu scheiden!
* * * * *

Der Tod Morosenkos

O Kosak Morosenko! du Stern in der Schlacht!
Sieh ob deinem Tod die ganze Ukraine klagt.

Klagt die ganze Ukraine, die Kosaken all',
Auf dem Markt schluchzt die Mutter ob des Sohnes Fall.

Lass, Mutter Morosenkos, keine Tränen mehr sinken:
Komm, mit uns Kosaken Met und Wein zu trinken!

Wie kann ich trinken, mich freuen zu dieser Frist,
Wenn Morosenko von den Türken erschlagen ist!

Sieh hinter'm Berg, hinter'm Berg her den Heereszug nah'n,
Sprengt auf schwarzem Streitross Morosenko voran;

Hat bis zur flatternden Mähne den Kopf gebeugt,
Spricht: Wehe! Dort sich des Feindes Land zeigt!

Spring an, mein schwarzes Ross, über'n Strom weg, dorten
Den Feinden entgegen den Tartarenhorden!

Und er setzt über'n Strom weg – heiß war die Schlacht,
Und Morosenko wird zum Gefangenen gemacht ...

Und sie setzten ihn auf einen Eichenblock,
Und nahmen ihm seine Stiefel, seinen roten Rock.

Und aus der blut'gen Brust unter wildem Schmerz
Rissen sie sein Herz, sein so tapferes Herz.

Und man hat ihm ein tiefes Grab geschichtet,
Und über dem Grab einen Hügel errichtet.

Morosenko! du mit dem stolzen Sinn,
Schau jetzt auf dein Land, die Ukraine hin!

– Wozu das? Ich liebe mein Land nicht mehr,
Nur mein Ross noch lieb' ich: das führt mir her!

Führt mein Ross her, sattelt mein schwarzes Ross,
Und bindet darauf des Kosaken Geschoss;

Und lasst es den Weg zur Ukraine finden,
Den Kosaken dort meinen Tod zu verkünden! –
* * * * *

Von Bogußlaw

Von der Mündung des Dnieprs bis zu seiner Quelle hin
Der Flüsse siebenhundert und viere zieh'n,
Aber jeder der Flüsse in den Dniepr fällt,
In den Dniepr, so groß, so berühmt in der Welt!
Wehet, wehet denn, Winde vom Unterland,
Blast in die Segel weit ausgespannt!
Sitzt am Steuerruder der junge Kosak,
Er drehet und wendet sich hin und her,
Und er schauet hinab auf das schwarze Meer ...
Sieh, ein Schifflein schwimmt einsam durch's Meer dahin,
Ein Türke sitzt und eine Türkin darin;
Doch die Türkin, die junge, nicht müßig blickt,
Und von Seide ein buntes Tüchlein stickt.

Wem mag sie das Tüchlein wohl wirken,
Dem Tartaren oder dem Türken?

Oder wirkt sie es für den jungen Kosak?
– Ja! das Tüchlein gehöret dem jungen Kosak! –
* * * * *

Von Bogdān

Bogdān, Bogdān du,
Der Ukraine Hetmann du!
Sprich, was gehst wie zu tiefem Leide,
Gehst in schwarzsammtnem Kleide?
O, bei mir zu Gast der Tartaren
Räuberische Horden waren!
Eine Nacht sind sie geblieben,
Meiner Mutter sie den Kopf abhieben,
Und mich haben sie beraubt meiner Lieben!
Geh, Bursch! sattle mein Ross, mein schwarzes Ross!
Will die Tartaren erreichen,
Sollen mein Lieb mir weichen!
Lagern auf dem Felde dem weiten sie,
Ihr Abendessen bereiten sie.
Ein Tartar geht auf und ab im Tābor weit,
Und er führt bei der Hand eine junge Maid. –
Geh' Liebchen, geh' aus dem Wege mir,
Dass ich diesen Räuber erschlage hier!

– Ob du ihn tötest oder nicht,
Ich weiß dass mir das Herz d'rum bricht!
Mög'st ihn verfehlen oder erreichen,
Wirst meine Wangen vor Kummer bleichen!
O, mein Lieber! lass los,
Sattle dein schwarzes Ross,
Du bist nicht mehr mein,
Ich bin nicht mehr dein!
Kehre um, spute dich:
Nimmer, nimmer vergess' ich dich! ...
* * * * *

Der Tod Iwan Swiérgowskys

Als unser tapfere Pan,
Der Kosakenhetmann
Iwan Swiérgowsky, in der Schlacht
Von den Türken zum Gefangenen gemacht,
Sie ihm den Kopf vom Rumpfe hieben,
Spießten ihn auf, ihren Spott damit trieben.

Und sieh, da zieht Gewitterschwer
Von fern' eine große Wolke her;
Kommen Schwärme schwarzer Raben geflogen,
Haben wie dichte Nebel die Ukraine überzogen –
Liegt's auf dem Volk der Ukraine trüb:
Es beweint seinen Herrn, der im Felde blieb.

Huben die stürmischen Winde zu sausen an:
– Wo ist unser Hetmann, der tapfere Pan?

Flogen kreischende Schwärme von Geiern herzu:
– Wo truget ihr unsern Hetmann zur Ruh?

Schrie'n die Adler aus den Lüften herab:
– Wo ist Swiérgorskys des Hetmanns Grab?

Kömmt ein Haufen von Lerchen gezwitschert und fragt:
– Wo habt ihr ihm Lebewohl gesagt?

Der Kosaken Einer zur Antwort gab:
Zuneben seinem tiefen Grab,
Unfern der Stadt Kilia genannt,
An der Grenze vom Türkenland!

Taras Schewtschenko (1814-1861)

In unbekanntem armen Haus
wuchs er heran. Als Waisenkind
erfuhr er zeitig des Lebens Weh.
* * * * *

Verlorene Heimat

Bleib bei der Mutter – sprach man immer,
doch du verließest sie, liefst weg,
sie suchte dich auf jedem Steg
und suchte bang und fand dich nimmer
und starb vor Weh. Seitdem jahraus,
jahrein steht leer dein Heim bis heute;
der Hund zog fernhin in die Weite
und ohne Fenster starrt dein Haus.
Der dunkle Garten ward den Schafen
bei Tag zur Weide – und bei Nacht
hält hier der Uhu schreiend Wacht
und lässt die Nachbarn rings nicht schlafen.
Und harrend Deiner, Unbekränzte,
wird von dem Unkraut stumm erdrückt

dein Immergrün – und in dem Haine
vertrocknet still der Teich, der kleine,
wo du gebadet – frisch und rein;
und trauernd steht und welkt der Hain.

Von seinen Vögeln hört man keine –
trugst du mit dir sie alle weg?
Den Brunnen siehst du niemals wieder
und jener Pfad, den du gegangen,
ist jetzt schon längst ein Dornenweg.
Wohin bist du entschwebt, entschwunden,
an wen denn hast du dich gebunden?
In fremdem Land, in fremdem Kreis –
wen, wen erfreust du? Wessen Hand
hält dich dort ferne also fest? ...

* * * * *

Mir ist es gleich, ob mir noch Tage
in meiner Ukraine winken,
ob in der Fremde Schneegefilden
ich in Vergessenheit versinke –
ganz einerlei ists mir, fürwahr! –
Als Sklave wuchs ich manches Jahr,
als Fremdling auf, der Heimat fern;
der Heimat fern, den Lebenslauf
beschließ' ich bald und unbeweint
dem Grabe mich der Tod vereint!
Die kleinste Spur wird kaum sich finden
von meinem Sein in kurzer Frist
in unserer schönen Ukraine,
die dennoch unser Land nicht ist.
Nicht wird der Sohn den Vater mahnen:
O bet' für ihn, o wein' ihm nach,
der für die Ukraine Ungemach

und Todesqualen hat erlitten!
Mir ist es gleich, ob solche Bitten
ertönen für mein Seelenheil!
Nicht aber kann es kalt mich lassen,
wenn Leute, die ich bitter hasse,
arglist'gen Sinns mein Heimatland
in Schlaf versenken, es beschleichen, ...
das ahnungslose wecken in dem Brand ...
* * * * *

Verbannung und Trost in der Dichtung

Meine Lieder, die ihr einzig
noch mit mir im Bunde,
lasst mich, lasst mich nicht allein sein
in der bösen Stunde!
Schwebt daher, ihr grauen Täubchen,
von der grünen Küste
des Dnipró daher, ihr Lieben,
in die ferne Wüste ...
Mit Kirgisen euch zu tummeln!
Arm sind die, in Nöten,
doch sind noch frei und pflegen
noch zu Gott zu beten ...
Also schwebt daher, ihr Lieben,
kost mein Herz mir milde,
und ich werde euch begrüßen,
trauernd im Gefilde ...
* * * * *

Gedanken an ukrainische Weihnachtsfeiern

Wenn du mitternachts vom Haus des Gevatters heimkehrst
und dich schlafen legst, da brauchst du meiner nicht zu
denken,
lieber Bruder! – Aber wenn die Trauer dir als Gast naht,
um auch nachts bei dir zu nisten, dann zu Rat, o Bruder,
zieh mich, der da weilt gefangen fern von dir am Meere.
Dann des Unglücksfreundes denke, der mit Elend ringend
muss die schmerzerzeugten Dumen bergen und sein
Herzweh;
der so hin und wieder wandelt und zum Himmel betet
eingedenk der Ukraina nur und, Freund, auch deiner;
den auch manchmal leider Gram, nicht schwerer, hält
befangen;
der nur darum blass ist, weil sich draußen naht die Feier.
Schwer, o Freund, ists, einsam einen Festtag zu begrüßen
in der Wildnis! Morgen früh, da wirds von allen Türmen
schallen in der Ukraine, morgen früh da scharen
zum Gebet sich all' die guten Leute, ... morgen früh
wird der Wolf, der hungergiere, heulen durch die Wüste.
Wehn wird und überwirbeln mir der kalte Sturmwind
Haus und Herd. So muss erleben ich das Fest, das frohe.
* * * * *

Naturblick, Melancholie und Optimismus

Der Sonne schwimmt ein Wölkchen nach,
spannt aus des Mantels rote Falten

und ruft zum Schlaf sie ins Gemach
des blauen Meers: mit Mutterwalten
hüllt es sie in ros'ge Windel
voll besorgter Eile.
Holder Anblick! Und ein Stündchen,
eine kleine Weile
scheints als ob dein Herze ruhe,
nur mit Gott noch spräche,
bis der Nebelgeist bedeckt bald
blauen Meeres Fläche.

* * * * *

Ungewaschen der Himmel
und verschlafen die Wellen
und am Ufer, so weit man nur blickt,
Schilf und Schilf wie betrunken,
ohne Wind hingesunken
neigt sich, beugt sich und raschelt und nickt.

Mein Gott, soll ich noch lange
an dem elenden Tange,
in dem offenen Kerker zumal,
in den dumpfigen Mauern
meine Tage vertrauern
und versauern mir selber zur Qual?

Keine Antwort! Beständig
nickt das Gras wie lebendig,
will die Wahrheit mir nimmermehr sagen;

ach und sonst
hab' ich niemand zu fragen.

* * * * *

Es kommt davon, weil er beschlossen
für jemand gutes Werk zu tun.
Ja – mag er nur! Denn glücklich jener,
der tief in seinem Herz und Sinn
das Gute nur verstand zu lieben.
Wie oft beglückt die Freude ihn
erblühend wie das Immergrün.
So nimmt in eine dunkle Höhle
die Sonne manchmal ihren Lauf
und sieh! Es blüht darauf im Dunkel
ein grünes Gräslein dankbar auf.

* * * * *

Mir wird die Verbannung leichter,
wenn ich sie schreib nieder,
die vom weiten Dnipró mir
gleichsam zufliegenden Heimatslieder.
Worte reihn sich aneinander
weinend, lachend, helle,
ganz so wie Kinder; sie
erfreun meine arme Seele
die vereinsamt ist … Und ich hab so
Trost auch Freud im stillen,
wie an Reichtums Füll' der Vater
um der Kinder willen.
Froh und glücklich bet ich dann

zum allmächtigen Herrn,
dass meine Kinder ja nicht bleiben
in weiter Fremde, von mir fern.
Mögen denn die zarten Kindlein
lieblich in die Heimat schweben
und erzählen, wie es ihnen
schwer ward, hier zu leben.
Und man wird sie dort im stillen
Heim begrüßen, o wie traut –
Doch der Vater wird dann schütteln
ernst das Haupt, das ganz ergraut.
Und die Mutter, sie wird sprechen:
Wäret ihr, ach, nie geboren!
Nur die Maid wird denken:
Ich hab mein Herz an euch verloren!
* * * * *

Frischauf! Im Wind die Segel schwellen.
Wir ziehn durchs Schilf auf blauen Wellen
in Booten zum Syr Darja-Fluss.
Dir, der du meine Qual halfst tragen,
zwei Jahre stilltest meine Klagen,
dir Kos-Aral, ein letzter Gruß!
Gott lohns dir, Freund, voll Stolz verkünde,
dass man dich fand, sei eingedenk,
dass klug die Menschen dies Geschenk
zu nutzen wussten und zu werten.
Leb wohl denn, armer Freund! Ich schenk'
der Wüste weder Lob noch Klagen;

und, in ein fremdes Land verschlagen,
vielleicht ... vielleicht ... all meiner Plagen,
der einstigen, ich einst noch denk ...
* * * * *

Kindheitserinnerungen

Wars nun der Sonnenglanz, wars sonst ein Schein?
Ich weiß nicht, was mich so berückte,
mir war so selig wohl zu Mut,
wie einem, der zum Himmel eingegangen.
Der Ruf zum Vesperbrot war schon erklungen,
ich aber, kniend im Gebüsch,
im Zwiegespräch mit Gott befangen,
ich überhörte ihn. So selig leicht
floss von dem Herzen mir inbrünstiges Gebet
und Gottes schien der Himmel,
schien auch das Dorf zur Seite.
Das Lämmlein sprang vor lauter Lust
und mild, nicht sengend, floss der Sonne Strahl.
* * * * *

Torheit! Doch denk ich daran, in Trauer
weint heute noch mein Herz und stöhnt:
Warum hat Gott mir nicht vergönnt,
in diesem Eden zu ergrauen?
Unwissend war ich und beim Pflügen
erwartet' ruhig ich den Tod.
Ich würde nicht die Welt betrügen,
der Menschheit fluchen nicht und Gott.

Wir wuchsen einst zusammen auf
und liebten uns mit stiller Freude,
und unsre Mütter sahn uns beide
und meinten, dass des Schicksals Lauf
uns einst vereint ... Doch wards verdorben!
Die Eltern sind uns früh gestorben
und wir – wir trennten uns hierauf
so recht aufs Nimmerwiedersehen.

* * * * *

Volkstümliches Lied

Fließt das Wasser unterm Ahorn,
fließt zum Tal hinunter,
längs der Schlucht und rot am Wasser
prangt der Hirschholunder,
prangt der traute Hirschholunder,
Ahorn – er treibt Sprossen
und es grünen Lorbeerweiden
rings um Weidenschossen.

Fließt das Wasser aus dem Haine
längs des Berges Fuße;
zwischen Espenlaub die Entlein
plätschern in dem Flusse.
Ente samt dem Entrich folgen
ihnen ohne Säumen,
haschen nach den Wasseralgen,
schnattern mit den Kleinen.

Fließt das Wasser um den Garten,
Wasser wird zum Teiche.
Kam ein Mägdlein Wasser holen,
sang durch die Gesträuche.
Aus dem Haus die Eltern treten,
sich im Frei'n erholen
und beraten, wen zum Eidam
sie sich nehmen sollen.

* * * * *

Heimat und Freiheit

In ein Hügelgrab der Steppe,
wenn ich sterben werde,
senkt mich, Brüder, dass mich decke
Ukrainererde,
dass ich kann des Dniprs Schnellen,
seine Ufer schauen,
dass ich höre, wie er rauschend
strömt durch weite Auen!

Wenn er aus der Ukraine
Feindesblut wird tragen
in das Meer, will ich den Fluren
und den Höhn entsagen;
will auf Flügeln des Gebetes
auf zu Gott mich schwingen –
ehe dies geschieht, – mag nimmer
ich den Herrn lobsingen!

Senkt ins Grab mich und erhebt euch,
werft die Ketten nieder,
tränkt mit bösem Feindesblute
eure Freiheit wieder!
Dann im freien Bruderkreise
mögt ihr meiner denken,
mögt ein liebes, stilles Wörtlein
mir, o Freunde, schenken!

* * * * *

Dichters Gedanken

Meine Lieder, meine Lieder,
ach, ihr schafft mir Leiden!
Wozu steht ihr am Papiere,
traurig ohne Freuden?
Warum seid ihr nicht zerstoben
mit dem Steppenwinde,
warum nicht erstickt im Schlafe
gleich dem Unglückskinde? ...

* * * * *

Mögen die Gedanken fliegen,
kreischen gleich den Krähen,
doch das Herz wie Philomele
mög' im stillen flehen.

* * * * *

Nimm dann hin, Ukraine, Mutter,
meine teure, liebe,

wie die eignen Kinder diese
töricht jungen Triebe!
* * * * *

Lernet, meine Brüder!
Denket und lernet,
lernet das Fremde kennen,
aber entfremdet euch nicht dem Eignen.
* * * * *

Rasch fliehn die Tage und die Nächte,
schon schwand der Sommer ... Welkes Grün
stirbt säuselnd ab; die Augen brechen
und traumlos siecht das Herz dahin.
Es schläft das All und ich weiß nicht,
ob ich noch lebe, ob ich vergehe,
ob nutzlos ich hienieden walle dann,
weil weder weinen noch lachen mehr ich kann ...
Schicksal, wo bist du? Schicksal, wo bist du?
Ist umsonst mein Fragen?
Gott – wenn du mir kein gutes schenkst,
lass mich denn ein schlechtes tragen!

Lass mich, Lebenden, nicht schlafen,
nicht den Tod mir werden,
lass mich nicht gleich morschem Klotze
faulen hier auf Erden.
Lass mich mit den Menschen leben
liebevoll, beisammen.

Oder ich will fluchend stecken
diese Welt in Flammen.

Grässlich ist, als Sklav' die Freiheit
lebenslang zu missen,
noch weit grässlicher als Freier
nur zu schlafen wissen,
nur zu schlafen und im Grabe
spurlos zu verwesen!
Einerlei – ob man hier lebte,
ob man nicht gewesen!
Schicksal, wo bist du? Schicksal, wo bist du?
Ist umsonst mein Fragen ...
Gott, wenn du mir kein gutes schenkst,
lass mich denn ein schlechtes tragen.
* * * * *

O Muse du, im Glorienscheine,
Du Schwester des Apoll, du Reine,
nahmst mich in Windeln in den Schoß
und trugst ins Feld mich, frei und groß.
Und dort auf einem Grabeshügel
gleich Freiheit, köstlich – ohne Zügel –
hast mich umhüllt mit Nebelflor
und gabest singend mir den Segen.
Fern in menschenleerer Steppe
dort im Sklaventume
prangtest du noch selbst in Ketten,
eine stolze Blume.

Aus dem schmutz'gen Kerker flogest
du auf Vogelschwingen
rein und heilig und du schwebtest
über mir mit Singen.
Und du sangest, Goldbeschwingte,
sangst mit süßer Kehle,
wie wenn Wunderwasser dringen
in die kranke Seele.
Und wenn ich sterbe, meine Hehre,
o, meine Mutter, hör' den Schwur:
Leg' deinen Sohn ins Grab und weihe
aus deines ew'gen Auges Bläue
mir eine einz'ge Träne nur!

* * * * *

Der Dichter als Maler

Beim Häuschen steht ein Weichselgarten,
drin schwärmen Käfer um die Bäum'.
Die Pflüger kehr'n mit Pflügen heim,
die Mädchen singend. Die Mütter warten
schon mit dem Abendmahl daheim.

Man sitzt beim Abendbrote eben;
da glänzt des Abendsternes Strahl.
Die Tochter reicht das Abendmahl,
die Mutter will ihr Lehren geben;
nicht lässt es zu die Nachtigall.

Die Mutter legt die Kindlein nieder,
hat sie im Freien eingewiegt,
ist selbst bei ihnen eingenickt.
Hörst Nachtigall und Mädchenlieder;
sonst Stille überm Dörfchen liegt.

* * * * *

Es steht am Hügel
an eines Teiches Wasserspiegel
ein Häuschen baumbekränzt und weiß
und vor dem Häuschen steht ein Greis.
Mir scheint, ich seh ihn noch – er scherzet
mit seinem Enkelkind und herzet
den kleinen, holden Lockenkopf.
Mir träumt es noch: dass auf die Schwelle
die Mutter tritt und dass sie schnelle
froh lächelnd küsst so Greis wie Kind –
und dreimal küssend an sich schmieget
sie's Kindlein, stillt es dann und wieget
es ein und bringts zur Ruh. Der Greis
indes noch sinnt in stillen Freuden
und murmelt leis: Wo seid ihr, Leiden,
wo bleibt ihr, Sorgen, Feindlichkeiten?
Das Vaterunser brummt der Alte,
bekreuzend sich. Der Sonne Licht
lacht durch der Weiden grüne Spalte,
bis es erbleicht. Der Tag entweicht
und alles ruht. Und auch der Greis
zur Ruh sich nun ins Häuschen schleicht.

Die Lerche trillert,
sich zum Himmel schwingend;
der Kuckuck ruft,
auf der Eiche sitzend.
Die Nachtigall flötet.
Es widerhallt davon der Hain.
Hinterm Berg beginnt es sich zu röten;
Lieder stimmen an die Pflüger.
An dem Dnipró
blauen hohe Gräber;
durch den Wald ein Rauschen geht,
dichte Weiden flüstern.
* * * * *

Es schläft das Tal, in Schneeballs Zweigen
ist auch verstummt die Nachtigall.
Ihr Schweigen löset ab das Sausen
des Morgenwinds, der zieht durchs Tal.
Geweckt vom Schall der Gottessprache
stehn auf die Leut' zur Tagesmüh;
ums Wasser Mädchen gehn zum Bache
und auf die Weide zieht das Vieh.
Die Sonne beleuchtet ein Paradies,
die Weide lacht ...
* * * * *

Sieh, der Morgen graut ... Den Himmel
Purpurflammen säumen,
froh die junge Sonne grüßen
Vöglein in den Bäumen.

Steppen schimmern, über Fluren
regt der Wind die Flügel,
grüne Weiden über Teichen
nicken auf dem Hügel.
Sachte ihre dunklen Kronen
frische Gärten neigen;
hohe Pappeln, Wächtern gleichend,
stehn im Feld und schweigen.
Und das ganze Land, in Schönheit
strahlend und in Wonne,
grünt im Morgentaue badend
und begrüßt die Sonne ...

* * * * *

Mein Abendstern, o tauche du
am Berg empor und sei geneigt
zum Zwiegespräche mir Gefangnem!
Erzähl, wie hinter Bergeshöhen
die Sonne niedersinkt,
wie aus des Dniprós Flut
der Regenbogen Wasser saugt,
wie da die Espe ihre Zweige spreizt
und dicht am Fluss die Weide steht,
ins Wasser ihre Äste tauchend,
auf denen Kinder schaukeln,
ungetauft dahingeschiedene ...

* * * * *

Es braust und stöhnt der Dnipró, der breite,
der Sturmwind heult im grimmen Lauf,

beugt hohe Weiden in der Weite
und peitscht die Wellen berghoch auf.

Nur selten schien in dieser Stunde
der blasse Mond durchs Sturmgewirr
und wie ein Kahn im Meeresschlunde,
so kam und sank es für und für.

Noch kündete kein Hahnenruf den Morgen,
man hörte keines Menschen Wort;
der Uhu schrie, allüberall im Wald verborgen,
die Esche knarrte fort und fort.
* * * * *

Wind, du wilder, Wind, du wilder!
der du sprichst zum Meere:
Weck es auf, durchstürm es, frag es,
wo mein Liebster wäre!
Frag, wo mein Geliebter weilet,
hast ihn doch getragen
und allwo es ihn gelassen,
muss das Meer dir sagen.
* * * * *

Volkspoesie

Schwimm, ach schwimme, du mein Schwänlein,
auf dem Meer, dem blauen!
Wachs, ach wachse, Pappelbäumchen,
hoch in Himmelsauen!

Wachse schlank und hoch nach aufwärts,
wo die Wolken schweben,
frage Gott selbst, werd ich jemals
Eheglück erleben? ...

* * * * *

Durch den Eichwald braust der Sturmwind,
jagt durch Steppenlande,
beugt die Pappel schier zur Erde
hart am Wegesrande.
Hoch gewachsen, breit an Blättern,
wozu mag sie grünen doch,
blau umwogen wie vom Meere
in der Steppe Weite noch?
Der Tschmumake geht und sieht sie,
neigt sein Haupt vor ihr;
Früh der Hirt sitzt mit der Flöte
auf dem Grabeshügel hier;
schaut nach ihr – das Herz bräch ihm:
Kein Strauch ist in der Runde!
Einsam, einsam, eine Waise,
geht sie fern zugrunde!

* * * * *

Weshalb mochten mich die Menschen,
als ich wuchs, nicht leiden?
Weshalb musst' ich, kaum erwachsen,
aus dem Leben scheiden?
Und wie kommt es, dass sie heut mich
Königstochter nennen,

dass von mir sie ihre Blicke
nimmer wenden können,
mich bestaunen und voll Sorgfalt
an das Licht mich tragen?
Blumenkönig, lieber Bruder,
kannst du mir es sagen? –
Keine Antwort weiß ich, Schwester,
so der Blumenkönig
sprach und neigt' das rosenfarbne,
schöne Haupt ein wenig,
es der Lilie weißem, zartem
Angesicht vermählend.
Über beiden schwebt die Gottheit,
sie zu Wundern wählend
dieser sündenreichen Erde ...
Und die Lilie weinte
tauige Tränen und erzählte:
Lange schon vereinte
Liebe uns, doch klagt' ich niemals,
wie ich einst gelitten.
Meine Mutter grämte stets sich
und die Tränen glitten
ihr vom Aug' bei meinem Anblick.
Nie konnt' ich erfahren,
wer ihr Gram bereitet hatte,
war zu jung an Jahren.
Und indes ich nur nach Spielen,
nach Vergnügen suchte,

flucht' sie unserm Herrn und welkte,
welkte hin und fluchte.
Und sie starb. – Als dies geschehn war,
ließ der Herr mich bringen
auf sein Schloss, wo mir der Kindheit
Tage schnell vergingen.
Dass ich seiner Liebe Kind war,
wie sollt' ich das wissen?
Eines Tags – der Gutsherr weilte
in der Fremde – rissen
meuternd aus dem weißen Schloss mich
seine eignen Leute,
steckten es in Brand und gaben
mich dem Tod zur Beute,
denn sie raubten mir die Zöpfe,
schnitten weg die schönen,
deckten dann den kahlen Scheitel,
um mich zu verhöhnen,
mir mit Lumpen. Selbst die Juden
durften auf mich speien.
Also ging es mir, mein Bruder,
in der Welt, der freien!
Also ward mein junges Leben
Spiel nur ihrer Laune,
und ich starb im harten Winter
unter einem Zaune.
Doch im Lenz erwacht' als Blume
ich in schneeiger Reine

und Entzücken meine Blüten
schufen rings dem Haine.
Winters ward ich von den Leuten
nicht ins Haus gelassen
und im Frühling konnten kaum sie
meine Schönheit fassen.
Und im Jugendkranz die Mädchen
Schneeblüt nur mich hießen
und im Hause wie im Garten
sah man froh mich sprießen.
Weshalb hat es Gott gefallen,
dass ich hier auf Erden,
lieber Bruder Blumenkönig,
eine Blume werde?
Dass die Leute ich erfreue,
die geraubt das Leben
mir und meiner armen Mutter?
Kannst du Antwort geben? ...
Gott, du heiliger, Gott, du lieber! –
Doch der Blumenkönig
neigte stumm das rosenfarbne,
schöne Haupt ein wenig,
an der Lilie blasse Wangen
liebevoll es schmiegend ...

Kampf für Freiheit und Selbstbestimmung

Der Gedanke schwingt sich bis ans Ende der Welt.
Als graubeflügelter Adler fliegt er weit hinter die Wolken,
bis er in großen Kreisen den blauen Himmel berührt.
* * * * *

In der Ukraine widerhallt es,
lang schon widerhallt es hier
und schon lange sind die Steppen
ganz gerötet von dem Blut.
* * * * *

In Dörfern weinen nackte Kinder,
verwaiste. – Gelbe Blätter rauschen
im dunkeln Wald, vom Wind zerrissen;
die Wolken ziehn, die Sonne schläft
und nirgends wird ein Wort vernommen.
* * * * *

Meine Söhne, meine Söhne!
An die Ukraine
noch einen Abschiedsblick! Wir alle
ihretwegen sterben.
Wer wird aber mich begraben
auf dem fremden Felde?
Wer auf meinem Hügel weinen?
Ohne Raute oder Thymian
ruhet, meine Kinder!
* * * * *

Seitdem in der Ukraine
grünet das Getreide.
Weder Tränen noch Geschütze!
Nur die Winde wehen,
Weiden in dem Haine biegend,
Pfriemengras am Felde.
Alles stumm. Ja, mag es schweigen –
das ist Gottes Wille.
Nur mitunter abends wandern
längs des Dniprós Ufer
noch die alten Hajdamaken,
ihre Lieder singend.
* * * * *

Einstens in der Ukraine
brüllten die Kanonen.
Einstens wussten Saporoger
herrschend dort zu wohnen!
Ja, sie herrschten! Ruhm und Freiheit
wars, was sie erwarben;
Es ist vorbei, nur Gräber melden,
dass sie längst schon starben.
Hochgetürmte Grabeshügel,
wo zur Ruhe nieder,
eingehüllt in rote Seide,
sangen Heldenlieder.
Und die bergeshohen Gräber
raunen mit den Winden,
dass die Freiheit rings im Lande

nimmer sei zu finden.
Zeugen sind sie Ahnenruhmes
und mit ihnen singend
steht im Morgentau der Enkel,
seine Sense schwingend.
Einstens mochte selbst die Trübsal
nur an Tänze denken;
Met und Branntwein ließ die Sorge
kreisen in den Schenken.
Einstens in der Ukraine
gab es frohes Leben.
Denket dran und eurem Herzen
wird es Tröstung geben.

* * * * *

Fließt ins blaue Meer das Wasser,
hört nicht auf zu fließen;
jagt dem Glück nach der Kosake,
will kein Glück ihm sprießen.
In die Welt zog der Kosake,
wogt das Meer, das blaue,
wogt sein Herze, warnt's Gewissen:
Nicht zu sehr vertraue!

Wohin ziehst du sonder Fragen?
In der Obhut wessen
lässest Vater du und Mutter,
Liebchen unterdessen?
Fremde Lande – fremde Leute –

fremd bist ihrem Herzen!
Keiner wird dein Freuen teilen,
keiner deine Schmerzen.

Fern am Strand sitzt ein Kosake,
wogt das Meer, das blaue,
dacht sein Glück zu finden, findet
Elend nur, das graue ...
Weinend sieht er Kranichscharen
ziehn zum Heimgestade.
Dicht von Dornen überwachsen
sind die Heimatspfade.
* * * * *

In die Welt hinaus zog traurig
der Kosak als Waise,
suchte Glück und ging zugrunde
dort im fremden Kreise;
schaute hin bei seinem Tode
nach dem Sonnenscheine ...
Schwer, ach schwer ist es zu sterben
in der Fremd' alleine.
* * * * *

Politische Gedichte

Blick hin! In dem Eden, das jetzt dir entschwand,
vom Leibe man reißt das geflickte Gewand
dem Krüppel mitsamt seiner Haut, um den Kleinen
der Herren sie eng um die Füße zu legen,

man kreuzigt die Witwe der Kopfsteuer wegen,
die einzige Hoffnung, den einzigen Sohn,
verstößt in das Heer man ... Dort ringt mit dem Tod
ein Kindlein verhungernd, indessen im Fron
die Mutter mäht Korn nach des Zwingherrn Gebot.
Dorten – siehst du? Weshalb wurdet
Augen ihr mein eigen?
Trocknet aus, rinnt aus den Höhlen
solchen Jammers Zeugen!
Die Verführte mit dem Bastard
irret auf den Gassen,
von den Eltern ausgestoßen,
von der Welt verlassen;
ihrer Bettler selbst sich schämen,
längst hat sie vergessen
der Verführer und die Zehnte
lockt er unterdessen.

* * * * *

Sieh, Paläste auf Paläste
überm Flusse ragen
an den steingefassten Ufern.
Muss ich mich nicht fragen,
wie es kommt, dass man die Sümpfe
konnte so entwässern?!
Ach, hier floss das Blut von Menschen
nicht entlockt mit Messern!
Jenseits ragt empor die Festung,
und die Glockenschläge

künden von den blanken Türmen
ihre Stunde träge.
Dort ein Ross, als wollt es fliegend
durch die Lüfte reisen,
es zerstampft die harten Felsen
mit den Hufeisen;
und ein Mann im Prunkgewande
hält die Hand am Zaume,
um sein Haupt ein Zweig sich windet
von dem Lorbeerbaume.
So, als gälte es, aufs andre
Ufer gleich zu springen,
bäumt das Ross sich; so als wollte
er die Welt erringen,
streckt die Hand der kühne Reiter.
Wer mag's sein? Ich sehe
auf die Schrift: Dem Ersten die Zweite.
Wahrlich, ich verstehe:
Jener Erste, Ukraine,
schlug ans Kreuz dich, Arme,
und den Rest gab dir die Zweite,
wütend ohn' Erbarmen!
Henker, Henker! Diebstahl brachte
Reichtum wohl euch beiden,
Doch was nahmt ihr mit ins Jenseits,
als ihr musstet scheiden?
Ukraine, die Geschichte
les' ich deiner Schmerzen

deutlich hier, und tiefe Trauer
regt sich mir im Herzen.
* * * * *

Ganze Regimenter schickte
Hluchiw auf die Reise,
nur mit Spaten ausgerüstet
an die große Pfütze,
und ich zog als Titel-Hetman
mit an ihrer Spitze.
– Weh mir, gütiger Erbarmer! –
Zar, du gottverflucht,
rede, nimmersatter Satan!
Sage, du Verruchter,
was geschah mit den Kosaken?
Sümpfe auszugleichen
nahmst du ihr Gebein und bautest
über ihren Leichen
deine Residenz. Im Kerker
bis zum Tod gepeinigt
hast du mich, den freien Hetman.
Ewiglich vereinigt
bleiben wir durch scharfe Fesseln;
diese zu zerstücken
könnt es Gott, dem Mächtigen, selber
nie und nimmer glücken ...!
* * * * *

Auch mit uns bist du verkettet,
grimmer Mordgeselle!

Dir einst wollen, kommt der Richttag,
wir den Weg verstellen
zu dem Thron des Herrn. Du triebst uns
in den Schnee der Fremde,
Henker, aus der Ukraine,
hungernd und im Hemde,
schnittest dir aus unsern Häuten
Stoff zu deinem Kleide,
nähtest ihn mit unsern Sehnen
(dass wirs mussten leiden!),
bautest deine stolzen Schlösser,
starbst als Kirchengründer!
Nun frohlocke denn, ein rechter
Henker, Menschenschinder!
* * * * *

Euch auch Ehre, blaue Berge,
Gletscher unermessen!
Ehre euch, ihr großen Helden,
nicht von Gott vergessen,
Kämpft nur, kämpfet und ihr werdet
Sieger des Gefechtes!
Euch hilft Gott, die Kraft, die Freiheit
und die Macht des Rechtes.
* * * * *

Von Vaterliebe tief beseelt
beglückte einmal Gott die Welt
mit einem himmlischen Propheten,
dass sie von Gottes Liebe hört

und weisen Lehrers nicht entbehrt.
Und wie Dniprós erbrauste Wellen,
so strömte seiner Worte Flut
gar tief in alle Menschenseelen,
erwärmend mit geheimer Glut
manch kaltes Herz. Und es gewann
die Welt gar lieb den hehren Mann
und betete ihn weinend an.
Und bald – o Menschenarg! – bald war
verbrannt von Menschen sein Altar.
Und in dem fremden Götzenreich
verschlangen sie das Opferbrot
und der Prophet – o wehe euch! –
fiel unter ihren Steinen tot.
Und wahrlich ging nun Gott nicht irre,
als er, als wie für wilde Tiere,
für sie die Ketten schmieden ließ
und sie in tiefste Kerker stieß.
Und – o Geschlecht voll Falsch und Tücke! –
Dass kein Prophet dich mehr beglücke,
dich einen Zaren wählen hieß!
* * * * *

Ihr würdet nicht Idyllen schreiben,
ihr, feine Herrscher, ließt es bleiben,
mit Gottes Lob uns zu erbauen,
wenn ihr die Tränen würdet schauen,
die viele eurer Nächsten weinen.
Wie kommts, dass wir das Haus im Haine

ein Paradies auf Erden nennen?
Dort lernt' ich erste Qualen kennen,
dort floss auch meine erste Zähre!
Ob Gott ein grimmig Übel kennt,
das nicht im Haus zu finden wäre,
das doch ein Paradies man nennt?
Ein Paradies kann mir nicht sein
das Haus am klaren Teich im Hain:
in diesem Haus am Dorfesrand
die Mutter mich in Windeln wand;
indes ihr Lied dazu sie sang,
ihr Lied in meinen Busen drang.
Ich sah im Hain, im Vaterhaus,
im Paradies nur Höllengraus
nur Robot, Sklavenlos und Leid;
nicht ließ man uns zum Beten Zeit.
Mein Mütterchen, das mich gepflegt,
noch jung ward sie ins Grab gelegt
und so ward erst die Gute los
den Frondienst und die Erdenplag'.
Mein Vater weinte manchen Tag
mit uns (wir waren klein und bloß),
er konnt' das Elend nicht ertragen
und musst' dem Erdenlicht entsagen.
Wir Kinder, kaum war dies geschehn,
verließen alle Hain und Häuschen,
wir kleinen, mutterlosen Mäuschen:
Ich musste in die Schule gehn

und für die Schüler Wasser tragen;
die Brüder mussten hart sich plagen
im Joch der Arbeit, bis vom Haupte
die Schere ihre Locken raubte.
Die Schwestern, Schwestern! welch ein Los
muss euch, ihr armen Täubchen, werden?
Wem atmet ihr zulieb auf Erden?
Im Frone wurdet, ach, ihr groß,
im Fron wird euer Haar erbleichen,
im Frone euch der Tod erreichen! ...
* * * * *

Nicht uns geziemts, mit dir zu rechten,
noch zu bemängeln dein Gebot!
Uns ziemt zu weinen nur, zu weinen,
zu kneten unser täglich Brot
mit blut'gem Schweiß, mit bittern Tränen.
Die Henker uns misshandeln, höhnen,
berauscht liegt unser Recht – wie tot ...
* * * * *

All meine Hoffnung, mein Vertrauen
in dir, o köstlich Himmelsgut,
in dir, Erbarmerin, nur ruht ...
Auf dich allein nur will ich bauen,
du Gnadenhort der Heiligen, Reinen!
Hör mein Gebet und brünstig Weinen,
senk, Himmelsmutter, deinen Blick
auf dieser Elenden, Bedrückten
und Lichtberaubten Missgeschick!

Versag des Sohnes Marterkraft
zu Kreuzesleiden bis ans Ende,
versag sie ihnen nicht und wende
zu einem gnadenreichen Schluss,
preiswürdige Himmelskönigin,
ihr Stöhnen, ihrer Zähren Guss!
Und wenn das Elend einstens flieht –
und Frühling durch die Dörfer zieht,
dann soll im Psalm dein Lob erklingen
aus stiller, hochgestimmter Brust.
Wenn heut aus jammervollem Dust
zu deinen Himmelshöhn nichts dringen
als bittrer Wehruf mag ohn' Ende:
vergib es mir, nimm huldvoll auf
der ärmsten Seele letzte Spende!
* * * * *

... Es glimmt der Funke,
urmächtigen Brand erzeugend, auf und lässt
die Lohe ahnen, die dein Blut verzehrt
und dein Gebein. Ach, tot mehr denn lebendig
wirst treten du in deines Sohnes Stapfen.
Schon naht die Zukunft dir und kündet sich
dem Herzen an. O, wende deinen Blick
hinweg, die seherische Träne trockne,
die von der reinsten Wimper quillt, dein Haupt
mit Lilien kränze und des Mohnes Blüte
und eh' sich dein Geschick erfüllen will,
such Schlummer in des Ahornbaumes Schatten!

Liebessehnsucht

Ach ich bin so allein
wie ein Halm auf der Heide
und es gab mir mein Gott
hier kein Glück, keine Freude.

Schwarze Augen nur hat
mir der Herrgott gegeben,
doch ich weinte sie aus
in dem einsamen Leben.

Ich erwuchs ohne Heim,
ohne Schwestern und Brüder
und ich welke dahin
und erblühe nicht wieder.

Ach! wo bleibt denn mein Lieb?
Hört ihr, Menschen, mein Klagen?
Nein ... Ihr hört nicht ... und nie
wird ein Mann nach mir fragen ...

Lessja Ukrajinka (1871-1913)

Contra Spem Spero

Wider die Hoffnung hoffe ich

Hinfort mit dir, herbstliches Klagen!
Es beginnen die Tage des Frühlings.
Soll denn in Bedauern, in Wehklagen
Die sonnige Jugend vergehen?

Nein, ich will lachen durch meine Tränen,
Ich will Lieder singen inmitten des Elends,
Und hoffen ohne Hoffnung.
Ich will leben! Hinfort, traurige Gedanken!

Ich pflanze auf einem steinigen Feld
Viele Blumen, die rot und weiß sind,
Ich pflanze in der frostigen Kälte
Sie alle auf Schnee und Eis.

Mit heißen Tränen gieße ich sie,
Ich gieße sie im eisigen Frost,
Das Eis schmilzt, vielleicht sprießen sie.
Sie sprießen, und das ist mein Trost.

Ich gehe die steilsten Berge hinauf,
Beschwert mit schwersten Steinen,
Trage dieses schreckliche Gewicht
Und singe den Meinen ein Lied.

Nie schließe ich die Augen
Und schaue ganz wach in die Dunkelheit,
Ich suche nach dem Schimmer des Sterns,
Dem König der dunklen Nacht.

Ja! Ich werde immer fröhlich sein,
Mein Lied wird im Unglück erklingen.
Auch hoffnungslos hoffe ich auf Leben.
Hinfort mit euch, traurige Gedanken!

Ще не вмерла України і слава, і воля,
Ще нам, браття молодії, усміхнеться доля.
Згинуть наші воріженьки, як роса на сонці.
Запануєм і ми, браття, у своїй сторонці ...

Ruhm und Wille der Ukraine sind noch nicht tot,
das Schicksal wird uns zulächeln, junge Brüder;
unsere Feinde werden wie Tau in der Sonne zugrunde
gehen,
wir, Brüder, werden im eigenen Lande herrschen ...

Beginn der ukrainischen Nationalhymne